LES P'TITS CRÉATIFS

LA MÉTHODE DE FRANÇAIS LUDIQUE ET CRÉATIVE

D'APRÈS LES LIVRES DE DEANA SOBEL LEDERMAN

"Masques!", "Noah Henry : Une histoire d'arc-en-ciel" et "La Leçon de couture"

Écrit par
Nesrine Chorfa & Eleni Savva

© 2024 TBR Books
New York – Paris
ISBN 978-1-63607-400-9

TBR Books est un programme du Centre pour l'avancement des langues, de l'éducation et des communautés. Nous publions des chercheurs et des praticiens désireux d'impliquer des communautés diverses sur des thématiques d'éducation, de langues, d'histoire culturelle et d'initiatives sociales.

CALEC – TBR Books
750 Lexington Avenue, 9e étage
New York, NY 10022
ÉTATS-UNIS

CALEC France - CALEC Éditions
198 Avenue de France
75013 Paris
FRANCE

www.calec.org I contact@calec.org
www.tbr-books.org I contact@tbr-books.org

Conception de couverture © Lucas Marais
Conception du livre © Lucas Marais, Toscane Landréa, Eleni Savva, Nesrine Chorfa
Illustrations de Masques!, Noah Henry, et La Leçon de couture © Deana Sobel Lederman
Illustrations intérieures © Canva (licence d'utilisation One-design)

ISBN 978-1-63607-400-9 (Broché)

SOMMAIRE

→ *01* **UNiTÉ 1 TOUS MASQUÉS**   *p 01*

-Activité 1 : Introduction : lecture – audio et présentation du livre « Masques! »   2
-Activité 2 : Remue méninge autour de la covid-19   3
-Activité 3 : Recréer et jouer des scènes à partir de celles du livre   4

→ *02* **UNiTÉ 2 DESSiNE MOi UN ARC-EN-CiEL**   *p 18*

-Activité 1 : Brainstorming   21
-Activité 2 : l'arc-en-ciel   22
-Activité 3 : lecture collective du livre   23
-Activité 4 : formation d'un arc-en-ciel et mythes associés   26
-Activité 5 : Expérience : comment créer un arc-en-ciel ?   27
-Activité 6 : Activités sur l'arc-en-ciel   30
-Activité 7 : Mythes & Légendes   31
-Activité 8 : Lecture collective à voix haute   32
-Activité 9 : Le CO _ F _ N _ M _ _ T   33
-Activité 10 : Time's up !   40
-Activité 11 : « Arc-en-ciel – Arc-en... »   43

→ *03* **UNiTÉ 3 UN MASQUE POUR TOi ET MOi**   *p 48*

-Activité 1 : brainstorming : les objets en couture   49
-Activité 2 : Mimes, mouvements et bruitages   50
-Activité 3 : Poser des questions   51
-Activité 4 : Aider/se faire aider par son prochain   52
-Activité 5 : « Juste pour moi... »   55
-Activité 6 : Atelier couture de masques à la maison   56
-Activité 7 : Comment est-ce qu'on se sent avec un masque sur le visage ? 61
-Activité 8 : Tâche finale : échange entre le couturier et le client   63

OBJECTIFS		UNITÉ 2 : « DESSINE-MOI UN ARC EN CIEL"	UNITÉ 3 : « UN MASQUE POUR TOI ET MOI"
LINGUISTIQUES	• Grammaire : - accorder des noms d'adjectifs et de professions - reconnaître et utiliser le conditionnel présent - exprimer le désir et le souhait • Lexique : - reconnaître et utiliser le lexique relatif à la pandémie de covid-19, aux gestes/salutations, le vocabulaire autour d'une commande (type de glace, arômes/parfums), les chiffres, les commerces d'une ville, les professions, les animaux, le champ lexical des caractéristiques physiques et morales - reconnaître et appliquer l'intonation montante dans les questions et l'intonation descendante dans les phrases affirmatives	• Grammaire : - reconnaître et savoir utiliser le passé composé (A1+A2) - identifier et mémoriser les 14 verbes de mouvement - reconnaître et utiliser l'imparfait (niveau A2) - identifier les prépositions de lieu • Lexique : - reconnaître et utiliser le vocabulaire des couleurs et le champs lexical des sentiments	• Grammaire : - identifier et utiliser les mots interrogatifs, conjuguer des verbes à l'imparfait et au passé composé, utiliser des adjectifs qualificatifs (mélioratifs) • Lexique : - reconnaître le champ lexical relatif au thème de la couture, employer des verbes qui permettent d'exprimer son avis, ses préférence, et savoir utiliser des termes pour évoquer ses sentiments
PRAGMATIQUES	- commander une/des glace(s) - proposer/conseiller - remercier - saluer - poser des questions	- s'exprimer sur des activités effectuées dans un contexte donné - exprimer ses ressentis - savoir faire la différence entre un mythe et une légende	- poser des questions - raconter un moment du passé - exprimer ses goûts/ses préférences - faire des compliments sur un objet ou à une personne
COMMUNICATIFS	- discuter avec un commerçant/un client à travers une communication gestuelle et verbale (salutations/gestes)		
INTERCULTURELS	- découvrir les différents types de glaces dans le monde - le mot « glace » et les noms des arômes des glaces dans les langues maternelles des apprenants - les salutations dans les différents pays (au niveau gestuel et lexical)	- prendre connaissance du terme « arc-en-ciel » dans d'autres langues - découvrir des mythes et des légendes autour du monde	

« TOUS MASQUÉS ! »

UNITÉ 1

A1

Masques!

Écrit et illustré par Deana Sobel Lederman
Traduit par Fabrice Jaumont

D'APRÈS LE LIVRE :

« Masques! » de Deana Sobel Lederman (TBR Books, 2020)

ACTIVITÉ 1 : INTRODUCTION : LECTURE - AUDIO ET PRÉSENTATION DU LIVRE « MASQUES! »

QUESTIONS :

- A quelle(s) occasion(s) portez-vous un masque ?
- Quel type de masque aimez-vous porter ?
- Avez-vous un masque préféré ?
- Est-ce que vous achetez vos masques ou bien vous les fabriquez vous-mêmes/avec vos parents ?

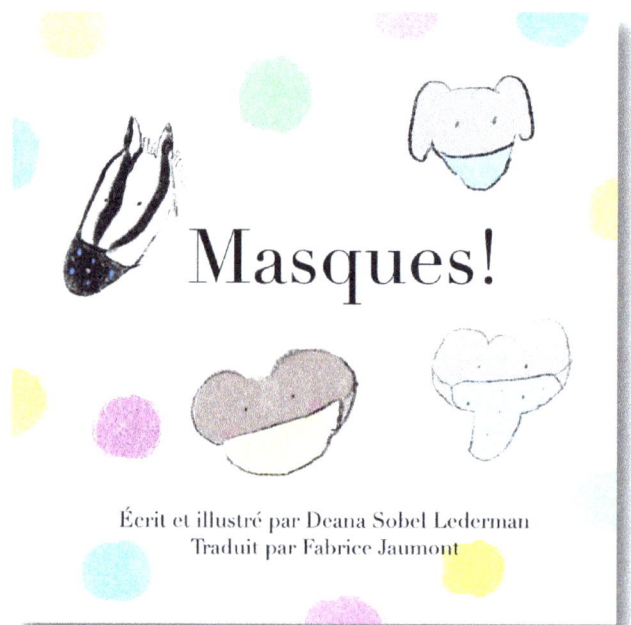

Masques!

Écrit et illustré par Deana Sobel Lederman
Traduit par Fabrice Jaumont

CONSIGNE :

Proposez à l'oral ou venez au tableau écrire les mots qui vous viennent à l'esprit lorsque vous entendez le mot "covid-19".

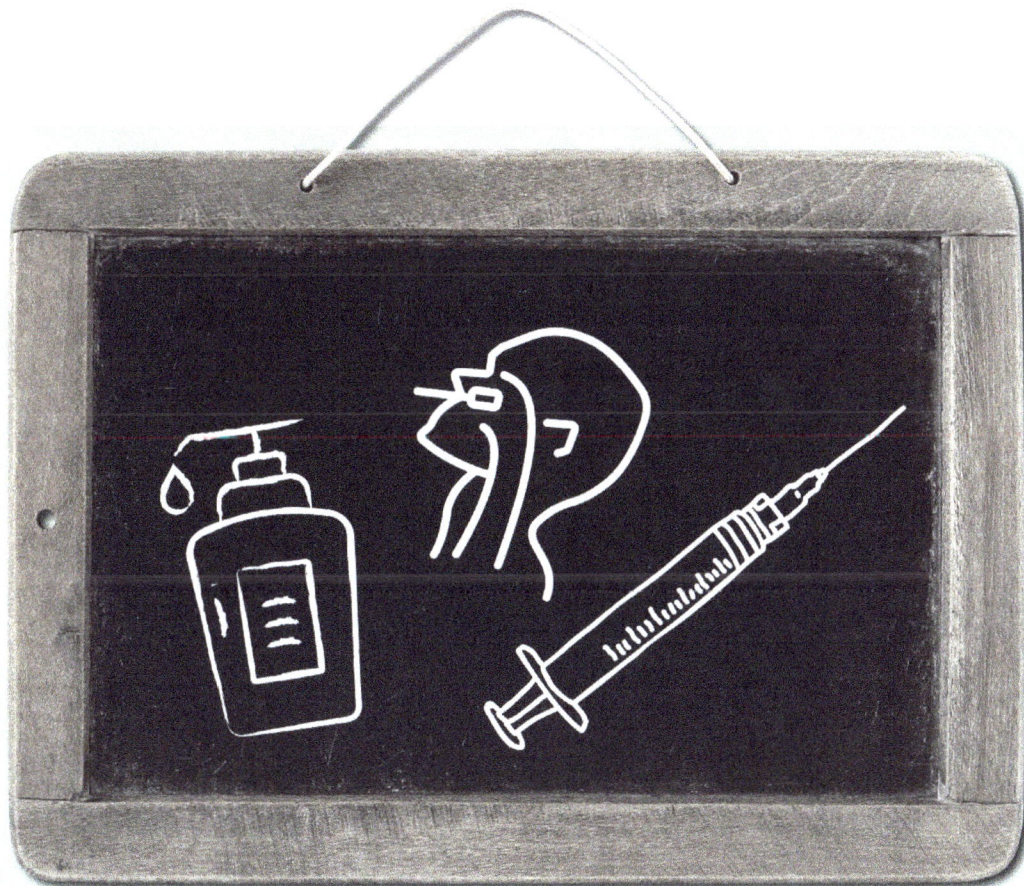

ACTIVITÉ 3 : RECRÉER ET JOUER DES SCÈNES À PARTIR DE CELLES DU LIVRE

ÉTAPE 1 : IMPLANTATION DU CADRE/DÉCOR

CONSIGNE 1 :

Formez un grand groupe afin d'imaginer, à partir des illustrations du livre, un cadre dans lequel vous serez amenés à jouer la scène du livre. Votre cadre devra être composé d'une ville/d'un village, situé(e) dans un pays, et il devra comporter différents commerces. **Réfléchissez à/au(x) :**

- La ville/le village (nom, place géographique)
- Le pays (nom, taille, drapeau)
- Les commerces de la ville (supermarché, boulangerie, coiffeur...)

CONSIGNE 2 :

Illustrez votre ville : Quel est son drapeau ? Où se trouve-t-elle sur la carte du monde ? Quels bâtiments peut-on y trouver ?

En petits groupes, dessinez ses différents éléments.

ÉTAPE 2 : LES PERSONNAGES

CONSIGNE 1 :

Piochez au hasard un bout de papier pour choisir votre animal. Ensuite, définissez tous ensemble, les relations que les animaux entretiennent entre eux (ils pourraient être amis, cousins, parents-enfants, voisins...).

CONSIGNE 2 :

Mettez-vous en groupes, constitués chacun des mêmes animaux. En vous entraidant, créez le profil de chaque animal. Pour chaque animal, vous devez préciser :

- son nom et son prénom
- son aspect physique
- ses traits de caractère
- son âge
- son métier
- ce qu'il aime/déteste faire
- et d'autres détails que vous voulez ajouter !

ÉTAPE 3 : ATELIER DE CRÉATION DE MASQUES

CONSIGNE :

Observez cette phrase du livre :

« ÇA POURRA PEUT-ÊTRE ÊTRE AMUSANT! »

À votre avis, que va-t-on pouvoir faire/créer durant cette étape « amusante » ?

ÉTAPE 4 : LES SALUTATIONS GESTUELLES :
« BONJOUR LES AMIS ! »

COMMENT DIRE BONJOUR ?

DIRE BONJOUR   UN CLIN D'ŒIL   UN CALÎN   UN SIGNE DE LA MAIN

SE SALUER   UNE DANSE   SE FAIRE LA BISE   TAPE EN 5

ENVOYER UN BISOU   UN CHECK   SERRER LA MAIN

LES SALUTATIONS SANS CONTACT

   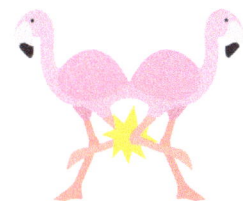

COUP DE PIED   NAMASTE   SIGNE DE LA MAIN   COUP DE COUDE

CONSIGNE :

En binôme, choisissez un ou deux geste(s) à reproduire lors de la crise sanitaire. N'oubliez pas l'élément essentiel ! 🙂

Petit Éléphant entra dans la boutique avec sa maman pour acheter une glace. Ce fut ensuite au tour de Petit Zèbre et de sa maman, puis de Petit Chien et de sa maman et enfin de Petit Ours et de son papa. Les petits animaux se firent un signe de la main tandis qu'ils s'en allaient.

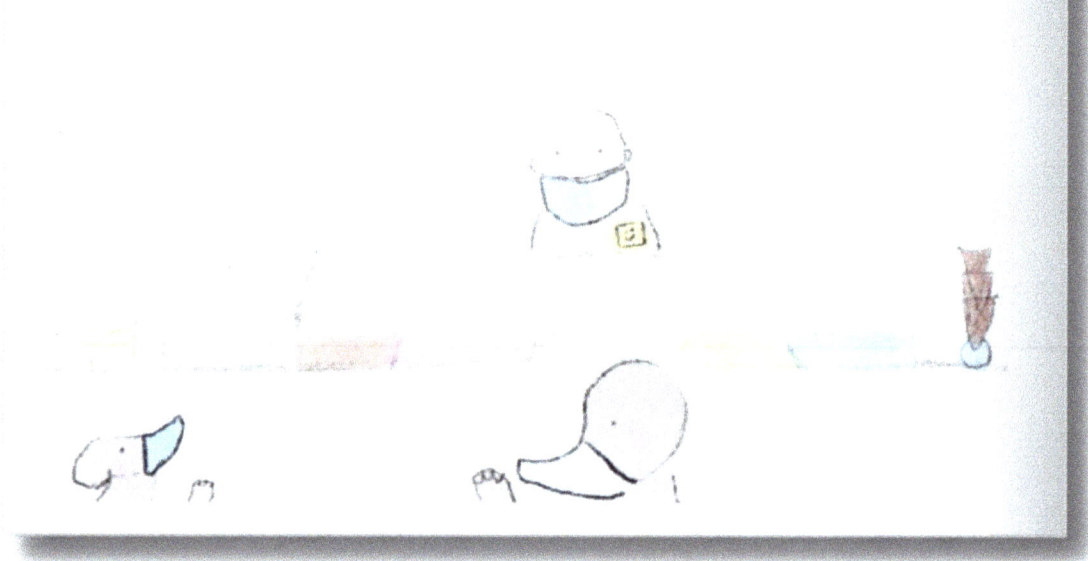

ÉTAPE 5 : SALUTATIONS GESTUELLES ET VERBALES

CONSIGNE :

Réécoutez une nouvelle fois la scène chez le marchand de glaces, tout en suivant la lecture avec le livre sous vos yeux. Dans un premier temps, par groupe, identifiez et relevez les gestes barrières présents lors de cette scène. Puis, essayez d'ajouter quelques gestes de salutations et des mots/phrases qui pourraient les accompagner, à partir des illustrations du livre.

2M

ETAPE 6 : LA DISCUSSION MARCHANDE

JEU

CONSIGNE :

Vous avez à votre disposition plusieurs petites cartes. Associez chaque pronom personnel accompagné du radical du futur simple du verbe à la bonne terminaison, pour former des verbes au conditionnel présent !

BON JEU !

On utilise le conditionnel présent pour exprimer le désir ou le souhait.

Exemple : J'aimerais un sandwich s'il vous plaît.

Pour former le conditionnel présent on utilise le radical du futur simple de chaque verbe et les terminaisons suivantes :

-ais   je marcherais
-ais   tu marcherais
-ait   il/elle/on marcherait
-ions   nous marcherions
-iez   vous marcheriez
-aient   ils/elles marcheraient

CONSIGNE :

Retrouvez la traduction française de chaque phrase en associant les cartes que vous avez à votre disposition !

Accepter/refuser

Demander le prix

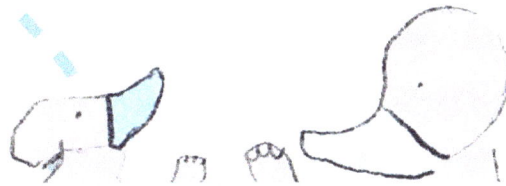

Saluer

Remercier

CONSIGNE :

Voici un tableau présentant quelques phrases (dont certaines qui ont fait partie du jeu précédent). Pour chacunes d'elles, indiquez par une flèche (↗ ou ↘) le type d'intonation correspondant : montante ou descendante.

PHRASES	Intonation montante ↑	descendante ↓
1 Quel est le prix ?		
2 C'est 3 euros.		
3 Je suis désolé mais nous n'avons plus ce parfum en stock.		
4 Votre choix ?		
5 Celui-ci on va le jeter, tiens, en voilà un autre.		
6 Je vous conseille ce parfum.		
7 À quel parfum est cette glace ?		
8 Vous avez décidé ?		

CONSIGNE :

Regarde attentivement ces 2 images.

Trouve et entoure les dix différences qui se cachent sur l'image de droite.

13

ÉTAPE 7 : DES GLACES DE TOUTES SORTES...

	DES GLACES DE TOUTES SORTES...	SPECIALITÉS
FROZEN YOGURT	• Yaourt • Lait • Sucre	États-Unis
KULFI	• Lait mijoté • Pistaches/Safran/Cardamone	Inde
PALETAS	• Fruits frais/légumes • Eau et jus de fruits ou • Lait ou crème • sucre	Mexique
CLOTTED CREAM ICE CREAM	• Crème grumeleuse avec des œufs • Sucre • Lait	Royaume-Uni
SORBETES	• Lait de coco /lait de carabao • Farine de manioc	Philippines
ROLLED ICE CREAM	• Lait • Crème • Sucre • D'autres ingrédients comme du chocolat, des fruits, etc.	Thaïlande
GELATO	• Lait • Sucre • D'autres ingrédients comme de la purée de fruits	Italie

QUESTIONS :

- Connaissez-vous d'autres types de glaces ?

- Quelles glaces avez-vous déjà goûté ?

- Quels goûts/parfums avez-vous préféré ?

- Amusez-vous en dessinant ou en trouvant des photos sur internet pour illustrer les types de glaces.

CONSIGNE :

imaginez

créez   glace préférée

ÉTAPE 9 : LA SCÈNE CHEZ LE MARCHAND DE GLACES

CONSIGNES :

- Pour cette dernière étape, jouez la scène du livre, en appliquant l'ensemble des notions que vous aurez vues jusque-là, et en utilisant les objets que vous aurez confectionnés lors des ateliers créatifs

- (et).

- Vous disposerez d'1h pour préparer votre mise en scène à l'écrit, et vous aurez 10 min par groupe pour mettre en scène votre dialogue.

- Pour préparer votre mise en scène, choisissez les répliques que votre personnage devra prononcer, parmi celles que vous trouverez sur les petits bouts de papier.

« DESSINE MOI UN ARC-EN-CIEL... »

UNITÉ 2

A1-A2

Noah Henry

une histoire d'arcs-en-ciel

Écrit et illustré par Deana Sobel Lederman
Traduit par Raphaëlle Etoundi-Essomba

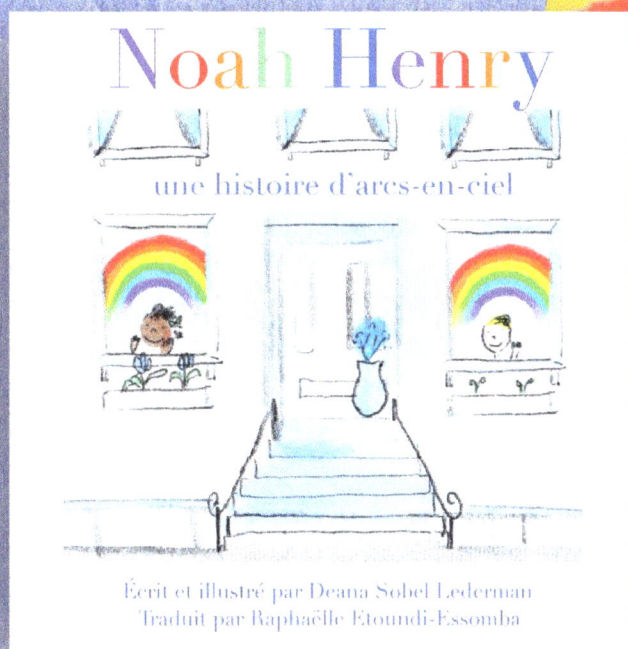

D'APRÈS LE LIVRE :

« Noah Henry, une histoire d'arc-en-ciel » de Deana Sobel Lederman (TBR Books, 2020)

ACTIVITÉ 1 : BRAINSTORMING

CONSIGNE :

Voilà quelques rubans colorés ! Formez un groupe de 7 personnes, pour créer un arc-en-ciel. Choisissez chacun 1 ruban de couleur parmi les 7 disponibles, puis décidez de l'ordre dans lequel vous voulez coller vos rubans. Venez maintenant chacun votre tour coller votre ruban, pour qu'un arc-en-ciel se forme.

Matériel :

- Des rubans aux couleurs de l'arc-en-ciel
- Un tableau adhésif

ACTIVITÉ 2 : L'ARC-EN-CIEL

CONSIGNE :

Observez la première page du livre :

QUESTIONS :

À votre avis, de quoi l'histoire va-t-elle parler ? Qu'est-ce-que l'enfant fait ? Comment a-t-il l'air ? Est-il plutôt triste ou content ?

- Qu'est-ce-que l'enfant dessine ?
- Qu'est-ce-qu'un arc-en-ciel ?
- Combien de couleurs y a-t-il dans un arc-en-ciel ? Quelles sont ces couleurs ?
- Voyez-vous souvent des arcs-en-ciel ? Où et à quel moment en avez-vous déjà vu ?
- « Rainbow », « قوس قزح », « Arcoiris », « 虹 » : comment dites-vous le mot « arc-en-ciel » dans votre/vos langue(s) maternelle(s) ou dans d'autres langues que vous connaissez ?

ACTIVITÉ 3 : LECTURE COLLECTIVE DU LIVRE

Lisons le livre tous ensemble, chacun notre tour !

J'ai préparé mon sac en y mettant mon doudou et un goûter pour la récréation mais Maman a dit qu'on ne pouvait pas y aller.

J'ai dessiné un camion de pompier pour ma copine Piper mais Papa a dit que je devais le garder pour lui donner plus tard.

Alors j'ai cherché mes jumelles et mon chapeau pour aller au Zoo mais le Zoo aussi était fermé!

ACTIVITÉ 4 : FORMATION D'UN ARC-EN-CIEL ET MYTHES ASSOCIÉS

CONSIGNE/QUESTIONS :

Regardez les dessins des enfants à la fin du livre et l'arc-en-ciel que vous avez créé au tableau. Qu'est-ce-qu'un arc-en-ciel ? Comment se forme t-il ? Découvrons-le ensemble au travers d'une courte vidéo.

COMMENT SE FORMENT LES ARCS-EN-CIEL ?

VISIONNE LA VIDEO ICI EN
SCANNANT LE QR CODE :

EXPLICATIONS POUR FACILITER LA COMPRÉHENSION ORALE

1) Phénomène lumineux : c'est un moment durant lequel la lumière se comporte « d'une manière particulière ».

2) Les mythes : licornes, trésors de lutin et ponts vers le ciel :
- Mythe des licornes arcs-en-ciel : Les arcs-en-ciel et les licornes ont plusieurs points communs : ils sont tous les deux associés à la beauté, à la rareté, à la magie, et se définissent comme étant « inaccessibles ».
- Mythe du Leprechaun : Le Leprechaun est un petit lutin qui garde un trésor : un chaudron rempli de pièces d'or. Il est dit qu'une fois attrapé, le lutin dit où est caché son trésor... Mais faut-il d'abord réussir à l'attraper, sans être captivé(e) par la mélodie magique de sa flûte...
- Mythe du pont vers le ciel : Dans beaucoup de cultures, on pense que l'arc-en-ciel est un chemin vers le ciel, le lieu où les dieux et les déesses habitent...

3) Le soleil doit être derrière la personne, tandis que la pluie doit être devant elle.

4) La lumière du soleil est composée de faisceaux colorés : en réalité, c'est l'association de toutes les couleurs qui fait que la lumière apparaît « blanche ».

5) Quand un rayon de soleil traverse une goutte d'eau, sa trajectoire est déviée, la goutte sépare les faisceaux de couleurs : la composition de l'eau est différente de celle de l'air, donc cela oblige les rayons du soleil à changer leur direction/chemin.

6) Les faisceaux de couleurs divisés forment un grand arc : l'arc-en-ciel : le fait que les rayons du soleil entrent en contact avec la goutte d'eau fait que la lumière se répartie en plusieurs couleurs (les 7 couleurs de base de l'arc-en-ciel).

ACTIVITÉ 5 : EXPÉRIENCE : COMMENT CRÉER UN ARC-EN-CIEL ?

Matériel :
- Un miroir
- Une bassine remplie d'eau
- Une source de lumière (soleil, ou lampe de poche)

CONSIGNES :

1 Fais en sorte que les lumières de la salle de classe soient éteintes.

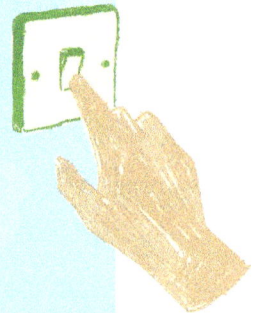

2 Remplis une bassine d'eau et place-la à proximité de l'endroit où entrent de forts rayons de soleil (si il n'y a pas de soleil, tu peux utiliser une lampe de poche, ça marche aussi !)

3 Déplace le miroir attentivement et met-le de façon à ce qu'il soit droit dans la bassine d'eau. Fais attention à ne pas créer des vagues !

4 Si tu fais l'expérience avec la lampe torche, dirige la lumière de la lampe vers le miroir afin de la faire refléter sur le mur ou le plafond blanc de la salle, ou dans le cas contraire, déplace la bassine d'eau de sorte que la lumière du soleil soit dirigée vers le miroir.

5 Bravo !! Tu as créé un magnifique arc-en-ciel !

ACTIVITÉ 6 : ACTIVITÉS SUR L'ARC-EN-CIEL

CONSIGNE :

Voici une fiche d'activités sur l'arc-en-ciel, que l'on va faire tous ensemble. Un apprenant volontaire va lire à chaque fois la consigne de l'activité, puis vous pourrez vous aider entre vous pour répondre aux questions posées, soit par un dessin, soit par une phrase, ou les deux.

L'ARC-EN-CiEL

Pour chaque activité, dessine, écris ou entoure tes réponses !

1. Quelles sont les <u>7 couleurs</u> d'un arc-en-ciel ?

2. Quels sont les <u>deux ingrédients</u> nécessaires pour former un arc-en-ciel ?

3. Pour qu'un arc-en-ciel se forme :

A. Le soleil doit être **derrière** / **devant** toi
B. La pluie doit être **derrière** / **devant** toi
C. Tu dois te placer **devant** / **derrière** / **entre** le soleil et la pluie

4. La lumière du soleil est-elle blanche ou colorée ?

5. Par où passe la lumière pour qu'un arc-en-ciel se forme ?

6. L'ordre des couleurs change-t-il dans un arc-en-ciel ?

OUI   NON

7. Quels sont les 3 mythes évoqués dans la vidéo ?

A.

B.

ACTIVITÉ 7 : MYTHES & LÉGENDES

CONSIGNE :

Regardez la dernière question de la fiche. On parle des mythes sur l'arc-en-ciel, qu'on confond souvent avec les légendes.

Savez-vous faire la différence entre les mythes et les légendes ?

Pour vous aider, nous allons réaliser plusieurs activités sur les mythes et légendes

QUESTIONS :

Qui est Robin des Bois ?

Connaissez-vous son histoire ?

Pensez-vous que l'histoire de Robin des Bois est un mythe ou bien une légende ? Pourquoi ?

En réalité, le personnage fictif de Robin des Bois est inspiré de faits réels. On va porter notre attention sur quelques éléments réels historiques.

CONSIGNE 1 :

Quels mythes avez-vous déjà entendu ? Racontez-nous l'histoire d'un mythe que vous connaissez, en précisant si possible d'où il provient.

Concernant l'arc-en-ciel, on peut aussi trouver ce mythe grec :

> **« Dans la mythologie grecque, c'est un chemin fait par une messagère (Iris) entre la terre et le ciel. »**

QUESTIONS :

1. Qu'est ce qu'un mythe ?
2. Le mot « mythe » vient du grec « mythos », « μύθος » qui signifie « l'histoire, la fable ».
3. Connaissez-vous ce mythe grec ?
4. Pensez-vous que ce chemin a réellement existé ?
5. À quel autre mythe sur l'arc-en-ciel ce mythe grec vous fait-il penser ?

CONSIGNE 2 :

Reliez chaque notion à sa définition :

Mythes ●   ● Faits réels et imaginaires

Légendes ●   ● Faits imaginaires

ACTIVITÉ 8 : LECTURE COLLECTIVE À VOIX HAUTE

CONSIGNE :

1 Choisis ta page favorite, en donnant son numéro oralement.

2 Repère les différents verbes qui sont notés sur ta page, en les soulignant d'une même couleur.

3 Choisis un verbe, celui que tu veux !

4 Donne quelques informations sur ce verbe : le temps et la personne à laquelle ton verbe est conjugué.

5 Conjugue ce verbe au temps et à la personne de ton choix !

6 Désigne un des tes camarades.

7 Il devra conjuguer à la personne et au temps de son choix ce même verbe.

ACTIVITÉ 9 : LE CO _ F _ N _ M _ _ T

QUESTIONS :

1 A quelle période se déroule l'histoire du petit garçon ? Quels sont les éléments qui le montrent ?

2 Quelles activités Noah Henry a-t-il fait durant cette période ?

3 Quels étaient les sentiments qu'il a pu ressentir ? (Vous pouvez vous aider des petites cartes de verbes et de sentiments que vous avez à votre disposition.)

DÉCOUPAGE

CARTES DE SENTIMENTS

CALME

ÉNERVÉ·E

TRISTE

ENDORMI·E

CONTENT·E

INQUIET·E

FATIGUÉ·E

STRESSÉ·E

CARTES DE VERBES

Être

Jouer

Faire

Cuisiner

Se préparer

Préparer

Dessiner

Se laver

S'amuser

Rentrer

Sortir

Donner

Dormir

Se réveiller

S'habiller

Se promener

Aller

Téléphoner

Aider

Voir

Regarder

Parler

37

Être

Jouer

Faire

Cuisiner

Se préparer

Préparer

Dessiner

Se laver

S'amuser

Rentrer

Sortir

Donner

Dormir

Se réveiller

S'habiller

Se promener

Aller

Téléphoner

Aider

Voir

Regarder

Parler

CONSIGNE :

C'est à vous maintenant ! Réfléchis à une activité que tu as pu/n'as pas pu réaliser durant le confinement. En t'aidant des petites cartes, raconte ton activité et dis ce que tu as ressenti à ce moment-là, en formant une ou deux phrase(s) au passé composé.

CONSIGNE 2 :

Viens au tableau pour nous raconter ton activité ! Tu as le droit de tenir un objet dans tes mains pour t'aider à être plus en confiance.

ACTIVITÉ 10 : TIME'S UP !

CONSIGNE 1 :

On va jouer au jeu du Time's up ! Chacun votre tour, piochez une carte parmi les 14 cartes de verbes à l'infinitif, et essayez de mimer ce verbe du mieux que vous pouvez. Vous aurez 30 secondes !

CONSIGNE 2 :

Maintenant, on va créer des phrases ! Chacune de nos phrases doit inclure un des 14 verbes de mouvement, conjugué au passé composé. Les apprenants qui le souhaitent peuvent venir écrire les phrases au tableau.

> Quelques exemples de phrases avec les verbes de mouvement :
>
> - Quand nous sommes rentré(e)s à la maison, moi aussi j'ai dessiné un arc-en-ciel.
> - Je suis resté(e) à la maison pour dessiner un arc-en-ciel.
> - Ma grand-mère est venue à la maison pour voir mon dessin.
> - Je suis monté(e) à l'étage pour apercevoir l'arc-en-ciel depuis ma fenêtre
> - Je suis sorti(e) de la maison pour voir l'arc-en-ciel.
> - Ma petite sœur est descendue pour se laver les mains.
> - Mon frère est né pendant le mois où le covid est apparu.

CARTES DE VERBES

venir

rester

arriver

aller

passer

(r)entrer

partir

sortir

naître

revenir

descendre

mourir

monter

tomber

41

ACTIVITÉ 11 : « ARC-EN-CIEL - ARC-EN... »

QUESTION :

Que se passe t-il à la fin de l'histoire ?

CONSIGNE :

- Tu vas maintenant devoir créer ton propre arc-en-ciel !
- Laisse-toi porter par ton imagination, afin de créer ton arc-en-ciel unique.
- Aide-toi de la fiche et des consignes que tu as à ta disposition !

ELÉMENTS À INCLURE POUR LES ENFANTS DE NIVEAU A1 (DE L'ÂGE DE 5 ANS) :

- Ton dessin (cela peut être aussi autre chose que seulement des couleurs, comme des petits dessins, des personnages, des objets, des lieux, etc).

- Un titre (ex : « arc-en-ciel » dans une autre langue, ou un autre nom qu'« arc-en-ciel » selon la forme que tu souhaites donner à ton « arc-en-ciel » et d'où tu veux que ton « arc-en-ciel » apparaisse).

- Des émotions : quelles émotions tu as ressenties en fonction des couleurs utilisées, des personnes/lieux dessinés...

ELÉMENTS À INCLURE POUR LES ENFANTS DE NIVEAU A2 (DE L'ÂGE DE 6 ET 7 ANS) :

- Ton dessin (cela peut être aussi autre chose que seulement des couleurs, comme des petits dessins, des personnages, des objets, des lieux, etc).

- Un titre (ex : « arc-en-ciel » dans une autre langue, ou un autre nom qu'« arc-en-ciel » selon la forme que tu souhaites donner à ton « arc-en-ciel » et d'où tu veux que ton « arc-en-ciel » apparaisse).

- Une courte présentation de ton affiche : justification de tes choix (s'il y en a une) : forme, couleurs, objets, personnages, émotions etc,..

- Des émotions : quelles émotions tu as ressenties en fonction des couleurs utilisées, des personnes/lieux dessinés...

CONSIGNES :

- Comment te parait Noah Henry à la fin de l'histoire ?

- Place ton affiche où tu le souhaite chez toi, afin de te souvenir des personnes que tu aimes, et des bons moments passés avec elles !

- Chaque nuit, rappelle-toi toi aussi de toujours faire un grand sourire avant de t'endormir.

« UN MASQUE POUR TOI ET MOI... »

UNITÉ 3

A2

La leçon de couture

Écrit et illustré par Deana Sobel Lederman
Traduit par Raphaëlle Etoundi-Essomba

D'APRÈS LE LIVRE :
« La Leçon de couture » de Deana Sobel Lederman (TBR Books, 2020)

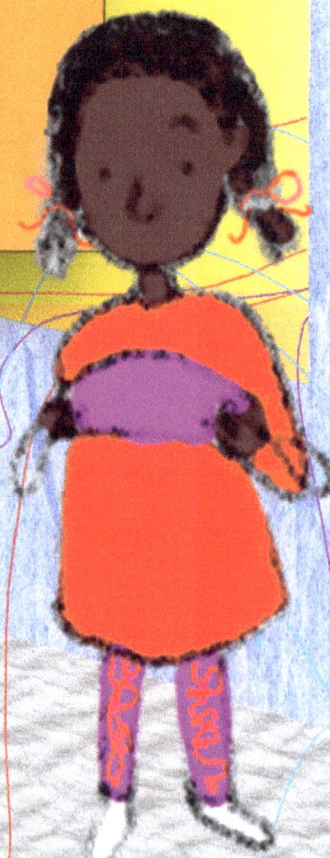

ACTIVITÉ 1 : BRAINSTORMING : LES OBJETS EN COUTURE

CONSIGNE :

À l'aide des différents objets de couture, complète la fiche en donnant un nom sous chaque objet représenté. Pour t'aider, tu peux poser des questions comme celles données en exemple.

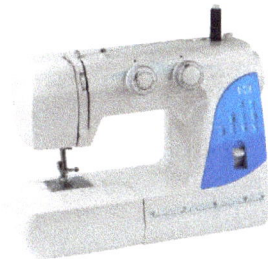

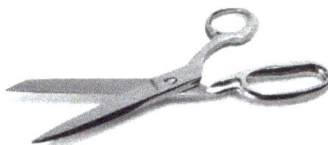

ACTIVITÉ 2 : MIMES, MOUVEMENTS ET BRUITAGES

J'ai sauté hors du lit et j'ai ...

CONSIGNE 1 :

APPRENANT 1 :

Écris sur un petit bout de papier, une phrase, en racontant un moment de ta journée (une action que tu as réalisée au cours de ta journée), en complétant la tournure : « J'ai sauté hors du lit et j'ai... »

Exemple : « J'ai sauté hors du lit et j'ai mangé un sandwich"

CONSIGNE 2 :

APPRENANT 1 :

Mime ta phrase !

LE RESTE DE LA CLASSE :

Deviner la phrase mimée par votre camarade avant que le temps ne s'écoule !

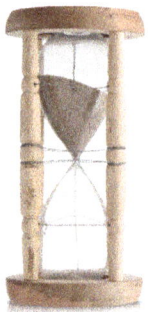

Le premier qui réussit à deviner la phrase devra la prononcer en respectant la forme : « J'ai sauté hors du lit et j'ai... » !

À ton tour maintenant de réfléchir à une phrase pour la mimer et la faire deviner au reste de la classe !

ACTIVITÉ 3 : POSER DES QUESTIONS

QUESTIONS :

Observez ces deux images.

La petite fille paraît « PERPLEXE. »

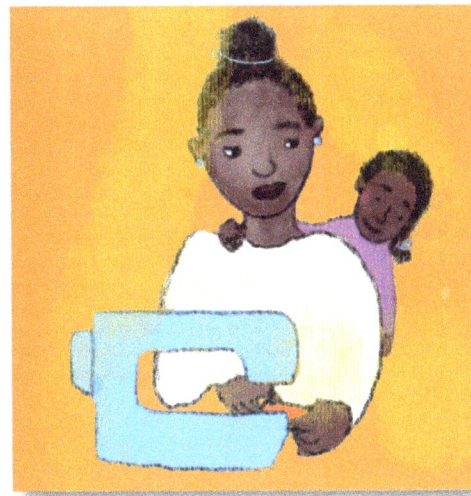

- Quelles sont les questions que la petite fille pose ?

- Quelles autres questions pensez-vous que la petite fille pourrait poser à sa mère ?

- Pouvez-vous imaginer des réponses à ces questions ?

ACTIVITÉ 4 : AIDER/SE FAIRE AIDER PAR SON PROCHAIN

"Comment peux-tu en faire autant Maman?"

"Je ne peux pas mais je peux faire ma part."

Réfléchis à un moment de ta vie durant lequel tu as pu aider/te faire aider par une personne, qui t'est plus ou moins chère. Pour cela, tu devras utiliser les temps de l'_____ et du _____, tout d'abord au travers d'un jeu, et en t'aidant des fiches sur les temps du passé (fiche n°1 et n°2).

CONSIGNE 1 :

Chacun votre tour, lancez un dé sur le jeu de piste du « jeu de l'oie », afin de conjuguer un verbe à l'imparfait ou au passé composé (à tour de rôle), et à la personne de votre choix.

CONSIGNE 2 :

Maintenant, raconte le moment auquel tu as réfléchi.

CONSIGNE 3 :

Illustre ensuite ton moment au travers d'un dessin.

FiCHE N°1 : LES TEMPS DU PASSÉ

L'iMPARFAIT

L'imparfait se forme à l'aide du radical de la 1ère personne du pluriel du présent de l'indicatif et des terminaisons suivantes :

Je		– ais
Tu		– ais
Il/elle	**+**	– ait
Nous		– ions
Vous		– iez
Ils/elles		– aient

LE PASSÉ COMPOSÉ

Pour former le passé composé, on utilise les auxiliaires « être » et « avoir », que l'on conjugue au présent de l'indicatif, auxquels on ajoute le participe passé du verbe.

<u>Exemple</u> : J'ai dansé

FiCHE N°2 : LES AUXiLiAiRES

ÊTRE

Je suis
Tu es
Il/elle est
Nous sommes
Vous êtes
Ils/elles sont

AVOiR

J' ai
Tu as
Il/elle a
Nous avons
Vous avez
Ils/elles ont

CONSIGNE :

Chacun votre tour, lancez un dé sur le jeu de piste du « jeu de l'oie », afin de conjuguer un verbe à l'imparfait ou au passé composé (à tour de rôle), et à la personne de votre choix.

JEU

DÉPART	Avoir	Pouvoir	Dire	Aller
Devoir	Accepter	Prendre	Partir	Faire
Manger	Voir	Vivre	Etre	Venir	Briller
Fermer	Acheter	ARRIVÉE	Courir	Nager	Pouvoir
Peindre	Déplacer	Dire	Avoir	Voir	Prendre
Devoir	Vivre		Aller	Etre	Pouvoir
	Faire	Briller	Faire		

ACTIVITÉ 5 : « JUSTE POUR MOi... »

> Le matin, Maman me montra un petit masque qu'elle avait fait juste pour moi.

CONSIGNE :

Quels sentiments penses-tu que les deux personnages ressentent à ces moments précis de l'histoire ?

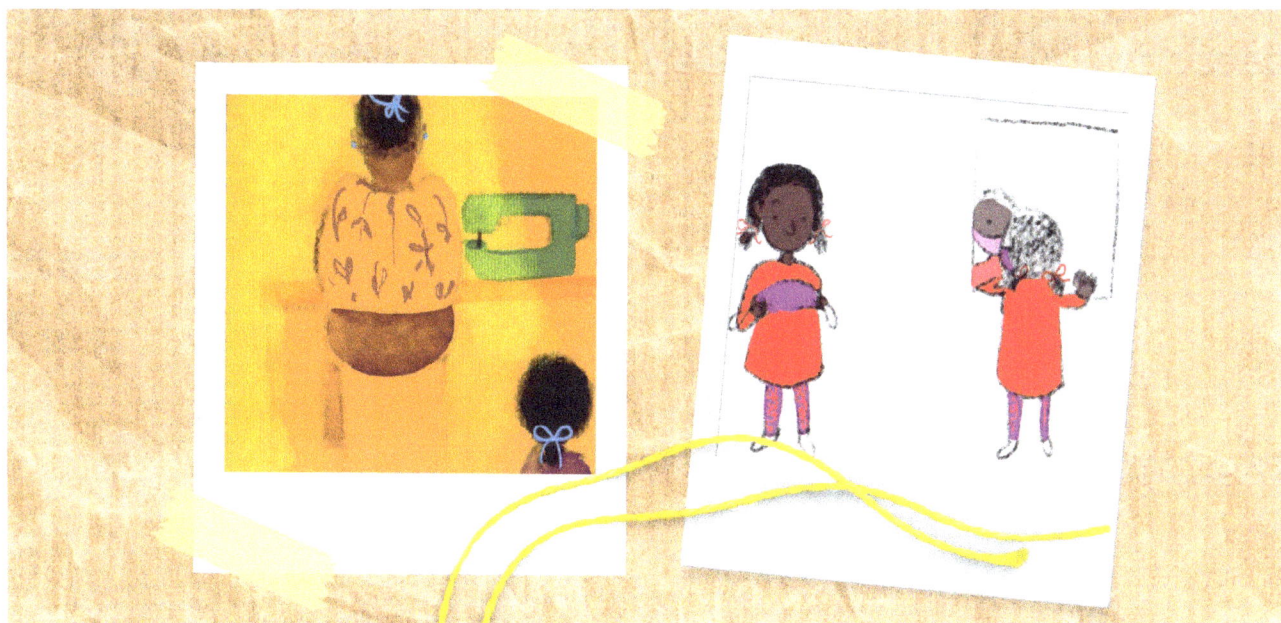

UN MASQUE UNIQUE :

Qu'est-ce qui rend un masque si unique ?

ACTIVITÉ 6 : ATELIER COUTURE DE MASQUES À LA MAISON

- À l'aide de la fiche explicative qui suit et avec l'aide d'un membre de ta famille, fabrique ton masque unique !

- Sers-toi des objets de couture que tu auras à ta disposition chez toi, et du patron distribué en classe.

- Tu as maintenant tous les éléments nécessaires à la réalisation d'un superbe masque pour lequel tu ressentiras du plaisir à le porter et à le montrer aux personnes que tu aimes !

FICHE N°1 : COMMENT RÉALISER UN MASQUE À LA MAISON DE MANIÈRE SIMPLE ET RAPIDE ?

Étape 1 : Pour le tissu extérieur

Découpez le patron que vous trouverez à la page 61 de votre livre (fiche n°2)

Etape 2 : Pour le tissu extérieur

Utilisez le patron pour découper les tissus de coton en laissant 0,5 cm de plus tout le long de la forme, sauf sur le côté "oreille" où vous devez laisser une mesure plus large (2 cm de plus).

Etape 3 : Pour créer la doublure intérieure

Découpez 2 morceaux de tissu en laissant 0,5 cm de plus tout au long de la forme. Inutile de laisser 2 cm de plus sur le côté oreille !

Etape 4 :

Découpez un morceau de molleton en se basant sur la taille exacte du patron.

Etape 5 :

Placez les 2 pièces de tissu extérieur l'une contre l'autre et cousez le côté long.

Etape 6 :

Placez les 2 pièces de la doublure du tissu intérieur l'une contre l'autre et cousez le côté long également.

Etape 7 :

Réalisez le même assemblage avec le molleton

Etape 8 :

Mettez les 2 pièces de tissu obtenues l'une face à l'autre.

Etape 9 :

Cousez les côtés haut et bas, en laissant les petits côtés ouverts.

Etape 10 :

Faites entrer le molleton par les côtés ouverts.

Etape 11 :

Cousez les tissus au centre, verticalement.

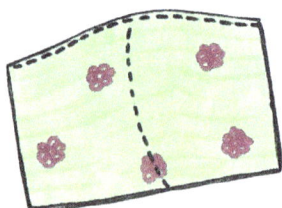

Etape 12 :

Cousez en haut et en bas de sorte que le molleton soit également cousu avec les 2 autres pièces de tissu.

Etape 13 :

Pliez le masque (face du molleton apparent), et cousez de façon verticale vers le côté oreille, en laissant quelques millimètres.

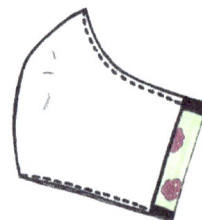

Etape 14 :

Vous obtenez un petit espace par lequel vous pourrez faire glisser l'élastique que vous aurez noué au préalable, qui servira d'attache pour le masque.

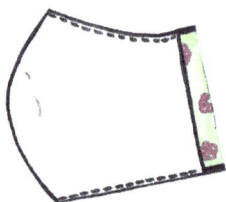

FICHE N°2 : LE PATRON À DÉCOUPER

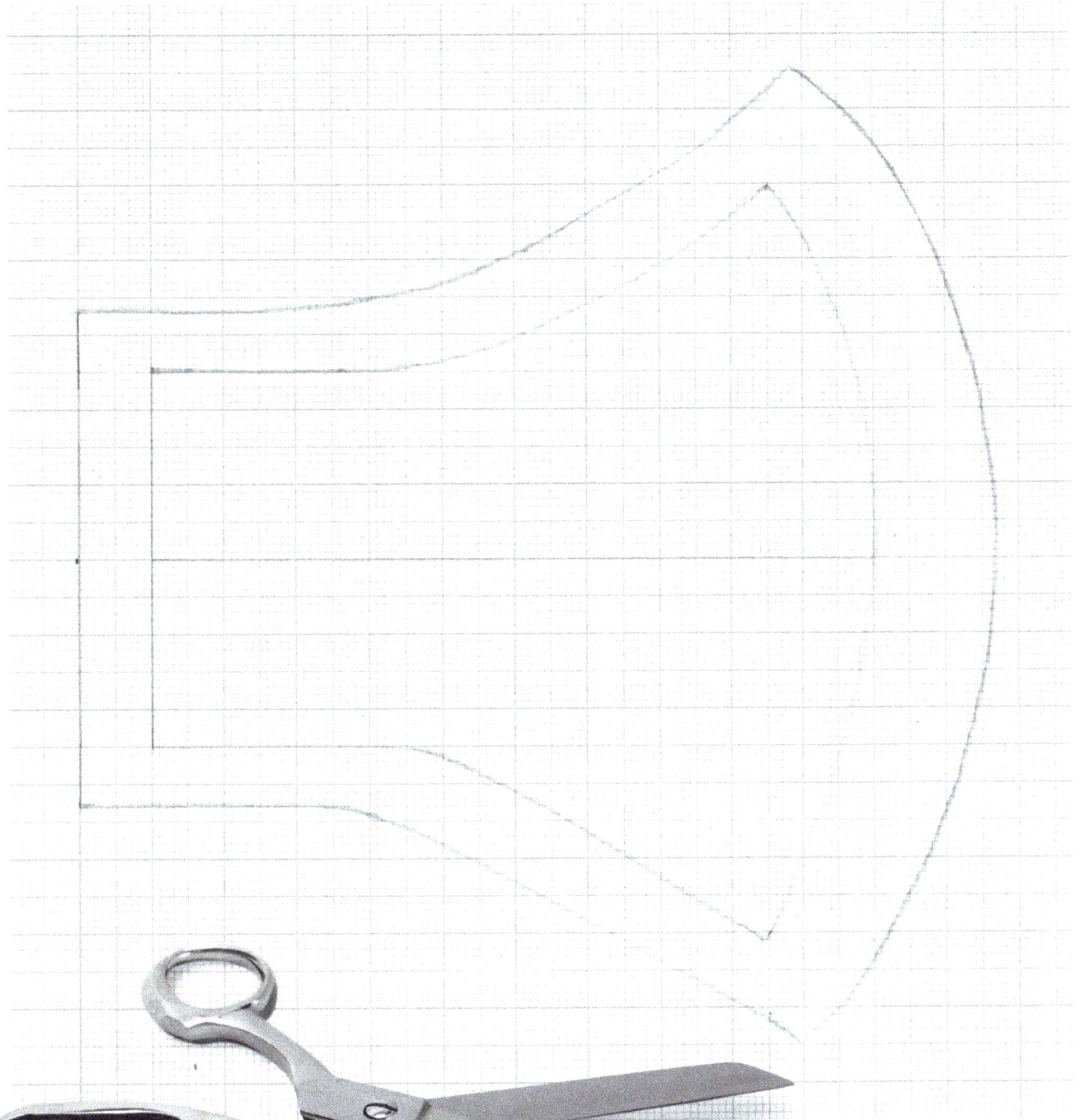

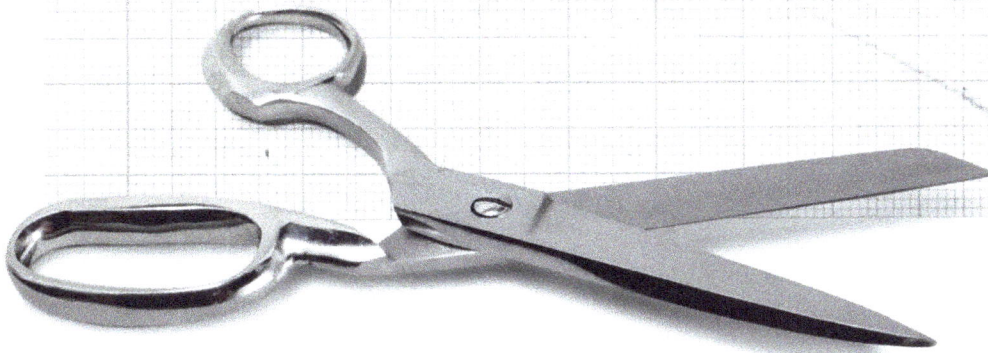

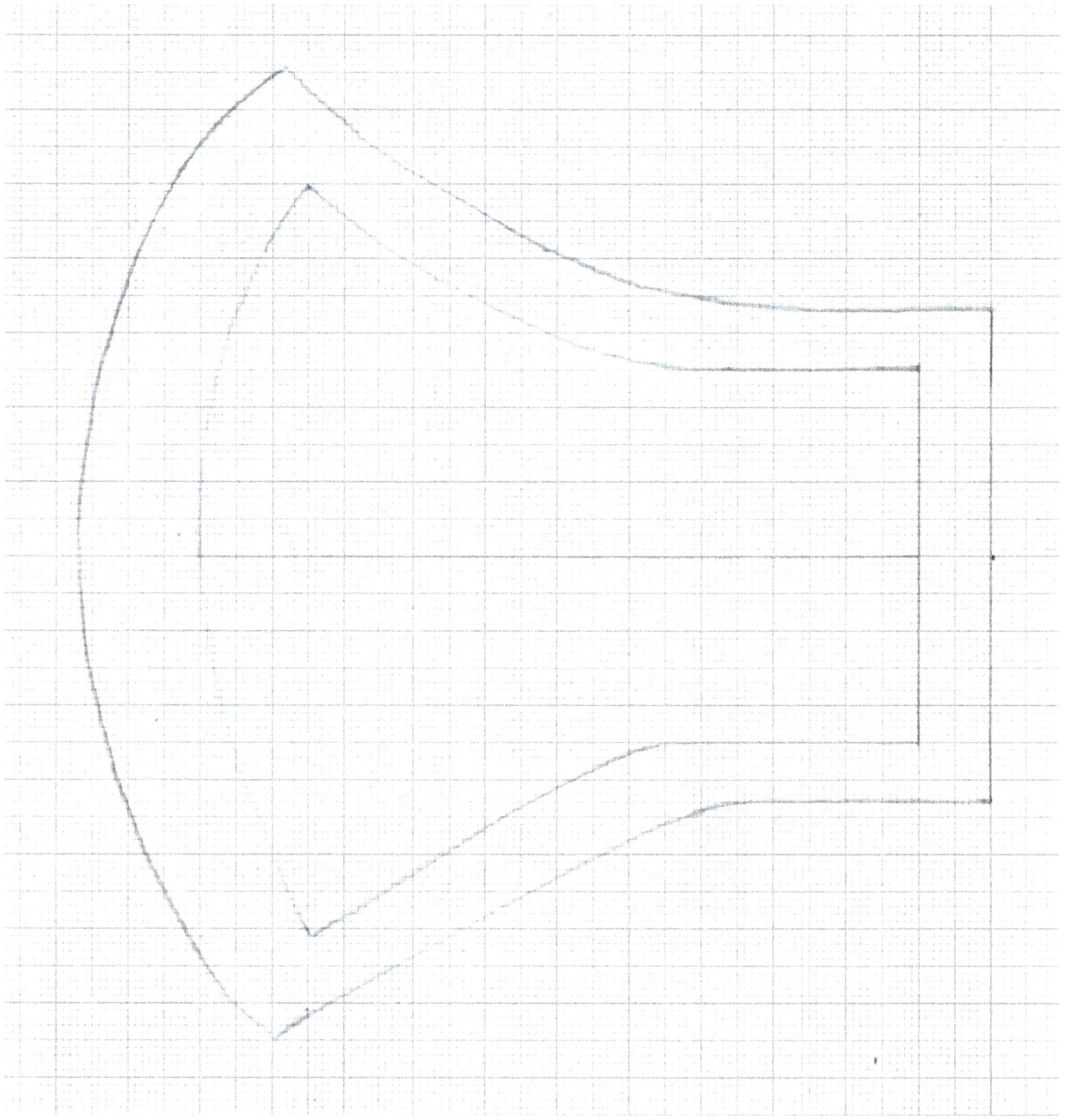

ACTIVITÉ 7 : COMMENT EST-CE QU'ON SE SENT AVEC UN MASQUE SUR LE VISAGE ?

CONSIGNE 1 :

Porte ton masque unique ! Quels sentiments ressens-tu ?

Comment te sens-tu avec ? Pourquoi ?

CONSIGNE 2 :

Décris le masque de ton voisin ! Exprime-toi sur ce que tu préfères/ce que tu aimes le plus.

CONSIGNE 3 :

Regarde autour de toi. Une fois que tu remarques un masque que tu adores, essaie de faire un compliment à la personne qui le porte, en utilisant l'adjectif de ton choix.

FICHE N°3 : FAIRE DES COMPLIMENTS

- EN UTILISANT DES ADJECTIFS

Quels adjectifs utilise-t-on pour décrire un masque ?

- Ton masque est _____
- Quel masque ! il est très _____
- C'est _____ ton masque !

- beau
- joli
- élégant
- extraordinaire
- incroyable
- ...

- EN UTILISANT DES VERBES

Quels verbes utilise-t-on pour parler de quelque chose qui nous plaît ?

- J'_____ ton masque !
- C'est ton masque que je _____
- Ton masque, ses couleurs, c'est tout ce que j'_____ !

- aimer
- adorer
- préférer
- plaire
- kiffer ?
- ...

J'AIME TON MASQUE ! IL EST SPLENDIDE !

ACTIVITÉ 8 : TÂCHE FINALE : ÉCHANGE ENTRE LE COUTURIER ET LE CLIENT

CONSIGNE :

Par groupes de deux, jouez chacun votre tour le rôle du client ou du couturier, en ayant, avant cela, rédigé sur la « fiche dialogue », un court dialogue sur vos goûts/préférences ou des questions à poser au client, si vous êtes le couturier.

FICHE N°4 : LE DIALOGUE

Et si vous vous métiez... à la place de ces deux personnes ?

LE COUTURIER

LE CLIENT

QUI SOMMES-NOUS...

Eleni Savva est créatrice de contenu pédagogique et rédactrice. Titulaire d'un Master en Didactique du français langue étrangère et seconde à l'université Paul Valéry Montpellier 3, elle créé des ressources pédagogiques qui se focalisent sur la créativité des apprenants. Portée d'un esprit créatif, elle croit que les apprenants aiment apprendre quand ils sont placés au centre de leur apprentissage, tout en utilisant leur créativité pour s'exprimer.

Nesrine Chorfa est une jeune créatrice de contenus pédagogiques. Diplômée d'un Master FLE, obtenu à l'Université Paul Valéry de Montpellier, elle se charge de créer des activités ainsi que des leçons de français, pour des jeunes enfants. Elle pense qu'apprendre une langue d'une manière à la fois ludique et créative, contribue ainsi au dynamisme de l'apprenant, qui est ainsi placé au centre de son propre apprentissage. s'exprimer en s'amusant et en donnant de sa personnalité au travers de sa créativité et son imagination, tel est son petit secret pour se sentir à l'aise et épanoui dans une langue.

« ARCS-EN-CIEL, MASQUES ET GLACE » DE DEANA SOBEL LEDERMAN

Deana Sobel Lederman est une dessinatrice et illustratrice qui vit à San Diego, en Californie, avec son mari et leurs deux enfants. Elle est l'autrice d'Arcs-en-ciel, Masques et Glace, une série de trois histoires pour enfants traitant de la pandémie du COVID-19 et de la bande dessinée en ligne Philip le lion de mer. Son travail est notamment apparu dans des revues telles que Business Insider, Barron's, The Hairpin, dans les publications du département de l'Éducation de la ville de New York ou encore à la librairie publique de Brooklyn ainsi qu'à la Gallery New World Stages à Manhattan. En tant qu'étudiante de premier cycle à l'Université de Berkeley Deana a été dessinatrice pour la rédaction du journal The Daily Californian. Elle a gagné une certaine notoriété pour son travail de dessinatrice éditoriale et a été finaliste du prix John Locher Memorial et du Prix de l'excellence de la Société des journalistes professionnels. Sa bande dessinée, Roomies, inspirée de la vie de Deana et de ses six colocataires a fait partie des finalistes du concours des MTV US Strips. En 2008 elle a reçu un diplôme universitaire en droit de la propriété intellectuelle.

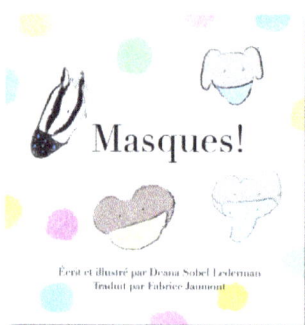

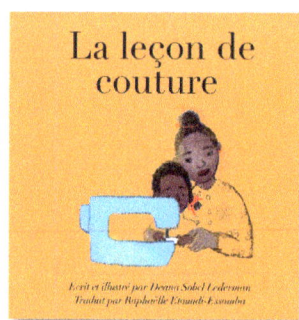

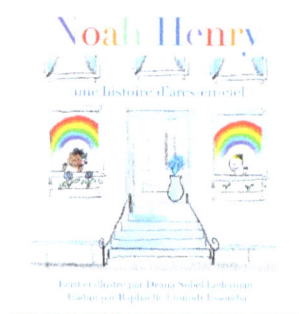

« Masques », « Noah Henry : une histoire d'arcs-en-ciel » et « La Leçon de couture » sont disponibles sur les sites tbr-books.org et calec.fr

TBR Books est le programme éditorial du Centre pour l'avancement des langues, de l'éducation et des communautés (CALEC).

Nous publions des chercheurs et des professionnels qui cherchent à engager leurs communautés autour d'enjeux éducatifs, linguistiques, historiques et sociaux. Nous traduisons nos livres en plusieurs langues pour étendre davantage notre impact.

Retrouvez-nous sur www.calec.org et www.tbr-books.org

TBR BOOKS

Un programme de CALEC

À DÉCOUVRIR DANS NOTRE COLLECTION FRANÇAIS LANGUE ÉTRANGÈRE (FLE)

Jeux de FLE
par Marie-Pierre Serra

Cette méthode de français langue étrangère ludique propose une approche différente et active du multilinguisme. Elle s'adresse aux enfants de 6 à 11 ans. Chaque leçon est suivie d'un ou plusieurs jeux conçus pour promouvoir les interactions entre les camarades et ainsi favoriser une meilleure assimilation des enseignements. Cette méthode innovante couvre les bases de la langue française : orthographe, vocabulaire, grammaire et conjugaison. Les jeux sont disponibles à la fois en version couleur et noir et blanc, dans des fichiers numériques prêts à être imprimés.

LIRE EN 2 LANGUES

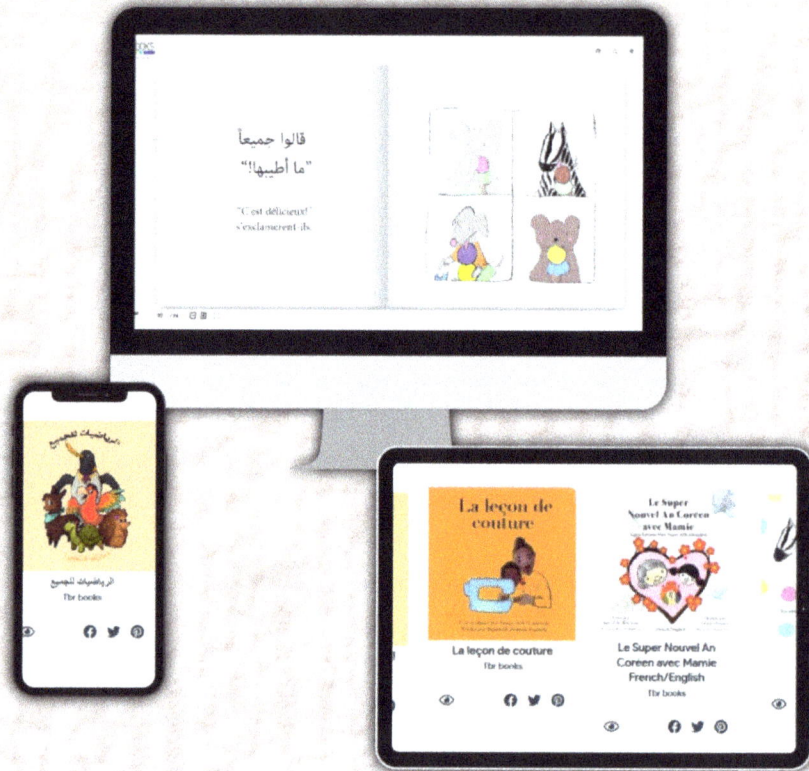

Une méthode avérée pour augmenter les taux de bilinguisme et de bi-alphabétisation dans les écoles et les communautés est de faciliter l'accès aux livres multilingues. CALEC dispose d'une bibliothèque en constante expansion de publications dans de nombreuses langues et cultures, avec des dizaines de traductions disponibles. Nous publions des auteurs de divers horizons, avec un catalogue adapté à tous les âges et niveaux d'éducation. Notre plateforme numérique permet également de proposer **des lectures à voix haute dans plusieurs langues**, réalisées par des locuteurs natifs pour accompagner les livres, ce qui améliore considérablement l'apprentissage des langues.

Notre plateforme de livres numériques permet à CALEC de mettre à disposition des ressources éducatives essentielles pour ceux qui ne sont pas en mesure de lire ou d'interpréter les livres. Nous nous engageons à offrir un accès gratuit aux écoles et aux communautés défavorisées, en mettant l'accent sur la langue et l'éducation bilingue. Notre plateforme en ligne comprend des romans pour jeunes adultes et des livres pour enfants, accessibles aux élèves du primaire au secondaire, dans des dizaines de langues. Nous poursuivrons notre croissance pour offrir toujours plus de ressources éducatives de qualité.

Read in 2 Languages

www.ingramcontent.com/pod-product-compliance
Lightning Source LLC
Chambersburg PA
CBHW061410090426
42740CB00027B/3500